N° 102

"*Pages actuelles*"
1914-1917

La France, les Catholiques et la Guerre

RÉPONSE A QUELQUES OBJECTIONS

PAR

Mgr Alfred BAUDRILLART

Recteur de l'Institut Catholique de Paris
Directeur du Comité Catholique de Propagande
Française à l'Etranger

BLOUD ET GAY, Editeurs
PARIS — BARCELONE

La France,
Les Catholiques
et la Guerre

"Pages actuelles"
1914-1917

La France, les Catholiques et la Guerre

RÉPONSE A QUELQUES OBJECTIONS

PAR

Mgr Alfred BAUDRILLART

Recteur de l'Institut Catholique de Paris
Directeur du Comité Catholique de Propagande
Française à l'Étranger

BLOUD & GAY
Editeurs
PARIS, 7, Place Saint-Sulpice
Calle del Bruch, 35, BARCELONE
1917
Tous droits réservés

Nihil obstat

Parisiis die 6ᵃ Decembris 1916

J. Verdier, cens. desig.

Imprimatur

Parisiis die 6ᵃ Decembris 1916

H. Garriguet
Vic. gén. de Paris.

AVERTISSEMENT

Il court de par le monde un certain nombre d'objections, tant au sujet de l'attitude des catholiques français dans la guerre, évêques, prêtres et fidèles, que des conséquences qu'entraînerait pour l'Eglise catholique la victoire de la France et de ses alliés.

Il y a quelques mois, d'honorables représentants du National editorial service, *soucieux de présenter aux lecteurs de leurs journaux les divers points de vue auxquels peut être envisagée la guerre, me firent l'honneur de me demander d'exposer le point de vue des catholiques français et de répondre aux critiques dont eux et leur patrie sont l'objet chez les neutres catholiques.*

J'acceptai et depuis lors, j'envoyai chaque mois, un article au National editorial service.

Ces articles, destinés au public des Etats-Unis d'Amérique, ont paru bons à d'autres neutres :

Espagnols, Suisses, Hollandais, et plusieurs journaux ont bien voulu les reproduire.

Mais, comme il est plutôt difficile, pour ne pas dire pratiquement impossible de se procurer ces journaux épars, et qu'il peut y avoir quelque utilité à posséder l'ensemble de ces réponses qui, à dire vrai, forment un tout, nous les avons réunies dans la présente brochure.

Nos compatriotes y trouveront des arguments à faire valoir et les neutres de justes raisons de nous juger avec plus de faveur.

Alfred BAUDRILLART.

I

UN PRETRE CATHOLIQUE PEUT-IL VOULOIR LA CONTINUATION DE LA GUERRE?

La guerre présente soulève une quantité de problèmes moraux, dont la solution n'apparaît pas toujours comme très facile. Parmi les neutres, il en est qui s'étonnent de voir les prêtres des nations en guerre soutenir l'ardeur des belligérants et pousser du même coup à la continuation de la guerre. Rien de plus contraire en soi, semble-t-il, à la mission essentiellement pacifique du prêtre, en fait, aux désirs bien connus du Père commun de tous les fidèles, le Souverain Pontife.

Aimer la paix, garder la paix, rétablir la paix, n'est-ce point, au dire de saint Thomas et de tous les théologiens, interprètes de la pensée du Christ, un acte de vertu, de la plus grande des vertus, la vertu de charité ? Peut-on, sans pécher, s'opposer à la paix ? De la part d'un prêtre, n'est-ce pas un vrai scandale ?

⁂

Remarquons d'abord qu'au sein du christianisme il n'y a pas deux morales, l'une pour les fidèles, l'autre pour les prêtres. S'il y a des cas où il est permis aux fidèles de faire la guerre et de s'opposer à la conclusion d'une paix jugée néfaste au bien de l'Etat et à la justice, c'est que la guerre n'est pas toujours le mal, car, si elle était toujours le mal, ni la morale chrétienne, ni l'Eglise, ne pourraient l'autoriser; ni la morale, ni l'Eglise ne peuvent, sous quelque prétexte que ce soit, autoriser le péché.

Si l'Eglise défend aux clercs de faire la guerre, c'est uniquement parce que la guerre répugne à leur office. Aussi, ne leur défend-elle nullement d'y exciter les autres. Pourquoi ? parce que la guerre, loin d'être toujours un acte mauvais, peut être un acte juste et méritoire. Saint Thomas l'affirme encore de la façon la plus expresse.

Un prêtre catholique peut conseiller à quelqu'un de faire la guerre, sans avoir le droit de la faire lui-même, comme il peut conseiller à quelqu'un de se marier, sans avoir le droit de se marier lui-même.

Vouloir la paix, vouloir la guerre, la question ne se pose donc pas d'une manière différente pour le prêtre et pour le fidèle. La guerre injuste est défendue, la guerre juste est permise.

Si la guerre est juste, elle est juste pour le

prêtre, comme pour le fidèle. Si le fidèle a le droit de vouloir une guerre juste, le prêtre a le droit de la vouloir, tous les deux ont le droit de la vouloir jusqu'à ce que la justice triomphe, quitte à s'incliner devant la force, s'ils ne peuvent faire autrement. Tant que la résistance est possible, si la paix que l'ennemi propose n'est pas conforme à la justice, le prêtre comme le fidèle a le droit de n'en pas vouloir et de lui préférer la guerre.

Quel est le maximum de l'injustice à l'égard d'un homme? Lui enlever la vie, sans en avoir le droit. Quel est le maximum de l'injustice à l'égard d'un Etat ? Lui ravir l'existence, ou lui rendre la vie impossible. Pour un Etat, c'est le mal suprême, puisque pour l'Etat, il n'y a pas, comme pour l'individu humain, de compensation dans une autre vie.

Si donc, un Etat est menacé dans sa vie, le prêtre a le droit de prêcher même la guerre à outrance, pour éviter ce mal suprême.

Toute la question est donc de savoir si la guerre engagée est une guerre juste.

Mais, si chacun des belligérants croit de bonne foi avoir la justice de son côté? Eh bien! dans ce cas, chacun des clergés des Etats en guerre a le droit de soutenir le courage des combattants et d'inciter les citoyens et les pouvoirs publics à continuer la guerre autant qu'il sera nécessaire.

Il y a des guerres justes, il y a des guerres sages, il y a des guerres honnêtes, il y a même des guerres saintes.

Quiconque y participe, conformément à la nature de son état, ou de son office, soldat, citoyen ou prêtre, fait un acte juste, sage, honnête, et même saint.

S'il en était autrement, comment oserait-on prier Dieu pour le succès de la guerre? Ne serait-ce pas aussi sacrilège, aussi odieux, que de le prier pour le succès d'une entreprise criminelle, d'un vol, d'un adultère? On ne sanctifie pas le péché: la guerre au contraire, peut être sanctifiée; la parole de Dieu elle-même nous le dit à maintes reprises: *sanctificate bellum!*

Et c'est pour le même motif qu'il est permis de combattre aux jours les plus saints, les plus consacrés à Dieu par la religion.

Et pourtant la paix, c'est ce que Dieu veut: la paix, c'est l'ordre et c'est le bien. Qu'est-ce à dire? Que la guerre même juste, et sage, et honnête, et sainte, n'est jamais qu'un moyen, moyen déplorable en raison des maux qu'il entraîne, — mais moyen qui conduit à une fin pour laquelle seule il a le droit, ce moyen, d'être choisi et employé: cette fin c'est la paix.

Ceux qui font la guerre ne la font et ne doivent la faire qu'en vue de la paix et pour la paix. C'est la perspective de la paix à rétablir qui donne à la guerre entreprise sa valeur morale.

Aussi, quand une guerre a été déclarée, il est d'une importance extrême qu'elle aboutisse à une paix juste et parfaite, c'est-à-dire, à une paix qui harmonise du mieux possible les volontés jusque-là opposées, qui ne laisse pas subsister et surtout qui ne crée pas des causes de conflit, qui ne contienne pas en germe de nouvelles guerres, en un mot, qui ne soit pas le triomphe d'un abus de la force, le triomphe d'une injustice.

Faire une guerre injuste, troubler volontairement et sans nécessité la paix des nations et la sécurité des hommes, est le plus grand des crimes contre l'amour du prochain.

Faire une guerre juste qui vise à assurer une paix juste et s'il se peut parfaite, ne vouloir que d'une telle paix, c'est un acte d'amour du prochain, c'est une bonne action.

C'est une bonne action pour le prêtre, comme pour le fidèle. — Et donc, le prêtre n'est nullement tenu — tout au contraire, — de vouloir la paix à tout prix.

Mais si le Pape veut la paix? C'est la seconde objection que nous avons prévue.

Le Pape ne change pas les lois de la morale.

En tant que chef d'une immense société, aux ramifications universelles, entouré d'informations qui font défaut au commun des mortels, le Pape peut dire: Le moment me paraît venu de faire la paix et tous vous serez sages de la vouloir maintenant.

En tant que chef de l'Eglise et représentant de Dieu sur la terre, il peut ordonner à tous, prêtres et fidèles, de prier pour la paix, parce que la paix est la fin vers laquelle tend la guerre, et qu'il convient de supplier Dieu d'abréger le temps où l'horrible moyen qu'est la guerre apparaîtra comme nécessaire.

Mais le Pape ne peut dire, et il ne dit à personne: Priez pour une paix quelconque, dût-elle faire le malheur de votre pays, consacrer l'injustice et engendrer de nouvelles querelles !

Il dit précisément le contraire: Priez pour la paix qui est un bien, qui est un acte de justice et d'amour, pour la paix qui harmonisera les volontés, pour la paix qui rétablira les choses dans l'ordre et qui préviendra les causes de conflit.

Vouloir une telle paix, prier pour une telle paix, c'est le devoir de tout chrétien et de tout honnête homme, de tout prêtre par conséquent; prier pour une paix autre et en vouloir une autre, ne serait, en aucun pays, ni d'un bon citoyen, ni d'un bon chrétien, ni d'un bon prêtre. Personne ne nous le demande, ni ne nous le demandera.

II

UN PRÊTRE CATHOLIQUE
A-T-IL LE DROIT D'OBEIR A LA LOI CIVILE
QUI L'OBLIGE A COMBATTRE?

Les populations vraiment chrétiennes de tout pays ont été scandalisées de l'obligation imposée aux prêtres par la législation française de prendre part à la guerre, même comme combattants. Et ce scandale a été poussé si loin chez quelques-uns, parmi ceux qui ne voient la guerre qu'à distance, qu'ils se sont demandés si un bon prêtre n'avait pas le devoir de résister à une telle obligation, quelles que dussent être pour lui les conséquences de cette résistance. D'autres, plus nombreux, considèrent à tout le moins comme *irréguliers* les prêtres qui combattent et qui versent le sang; ils s'étonnent de les voir ensuite célébrer la sainte messe et administrer les sacrements.

Le prêtre catholique a-t-il oui ou non le droit d'obéir à la loi civile qui l'oblige à combattre? Telle est la question à laquelle je voudrais répondre de manière à dissiper toute équivoque.

*_**

Remarquons bien que je dis *combattre*, c'est-à-dire porter les armes et s'en servir, car de participer à la guerre d'une autre manière, ce n'est nullement chose défendue au prêtre; le prêtre peut participer à la guerre pour y exercer son ministère sacré; il peut y participer pour y exercer un ministère de charité auprès des blessés et des malades, soulager les corps, en même temps que les âmes; il peut même, dans la mesure où il est appelé à remplir des fonctions civiles et politiques, participer à l'organisation de la guerre et à ses préparatifs. Saint Thomas d'Aquin le reconnaît formellement et au surplus, avant lui et après lui, des milliers de personnages ecclésiastiques, papes, évêques, abbés, en tout pays catholique, en ont fourni la démonstration par le fait; qui eût dénié ce droit à un cardinal Ximenès, à un cardinal de Richelieu, à un cardinal Fleury, à tous les papes souverains temporels ? Et ainsi du plus grand au plus petit dans l'ordre ecclésiastique.

Si la loi civile *impose* au prêtre l'obligation de rendre quelque service de ce genre, un théologien et un casuiste pourront se plaindre à la rigueur qu'elle ne tienne pas un compte suffisant de l'immunité ecclésiastique telle qu'elle a été comprise dans les siècles passés; ils ne pourront pas affirmer qu'elle oblige le prêtre à faire une chose qu'il ne doit pas faire.

Mais combattre? Si c'était un mal en soi, une faute en soi, un péché, que de combattre, il est clair que le prêtre devrait tout souffrir plutôt que de se soumettre à une telle obligation.

Mais, comme on l'a déjà fait voir, la guerre n'est pas un mal en soi, combattre n'est pas une faute en soi et peut même devenir un acte fort méritoire.

Si donc, l'Eglise défend au prêtre de combattre et si le sens chrétien se scandalise de voir le prêtre combattre, c'est parce que cette action qui peut être bonne pour d'autres ne convient pas au prêtre; il y a opposition entre le caractère sacré du prêtre qui traite les saints mystères, la mission essentiellement charitable qui est la sienne et l'acte violent du combat, l'effusion du sang de ses frères, puisque, même ennemis, les hommes demeurent frères. C'est une question de suprême convenance, ce n'est pas une question de *moralité* proprement dite. Le prêtre qui combat ne commet pas un acte immoral; il commet un acte qui répugne à sa fonction.

L'Eglise a mille fois raison de le dire et l'instinct du fidèle chrétien est juste.

En cela comme en tout, la doctrine de l'Eglise est conforme à la saine raison.

Ce n'est pas un progrès pour l'humanité que d'appeler tous les hommes sous les armes; mieux vaudrait de beaucoup qu'il en fût toujours comme il en était dans les sociétés chrétiennes de l'ancien régime: qu'il y eut spécialisation des services, qu'une armée composée d'un nombre suffisant de soldats de métier assurât la défense de la patrie et le respect de ses droits, comme un corps de magistrats rend la justice, un corps de professeurs distribue l'enseignement, un clergé apporte aux âmes les secours dont elles ont besoin.

Pour le malheur de l'Europe et du monde, les guerres du XIXe siècle ayant mis aux prises les nations elles-mêmes, et plusieurs d'entre elles ayant été menacées jusque dans leur existence, le service militaire a cessé d'être le métier de quelques-uns, pour devenir celui de tous; à la suite et à l'image de la Prusse, presque toutes les nations en sont venues à instituer le service militaire universel et obligatoire.

Eh bien, à parler franc, cela ne change-t-il pas quelque peu les termes du problème, même pour les ecclésiastiques? Surtout, — car il faut prendre les choses telles qu'elles sont, — dans un monde où la foi a diminué, où le sens surnaturel s'est éteint chez un grand nombre, où la passion de l'égalité s'est répandue, tout à la fois principe et conséquence de l'organisation démocratique des Etats?

A maintenir le privilège ecclésiastique, ne risquerait-on pas de rendre le prêtre odieux? Ne serait-il pas montré au doigt dans les rues et jusque dans les moindres villages dont toute la population valide est sous les armes, où les femmes sont privées de leur mari et de leurs enfants et les savent chaque jour en péril de mort? Au contraire, à le voir courir les mêmes dangers que les autres, ne sent-on pas se resserrer les liens qui l'unissent à la population; et si, comme dans cette guerre, il donne l'exemple de l'endurance et du courage, ne provoque-t-il pas une admiration et une sympathie qui tournent au bien de l'Eglise? Après la guerre, les prêtres français ne marcheront-ils pas la tête plus haute?

Ces considérations me paraissent suffisantes pour expliquer la législation *civile* qui *oblige* le prêtre à répondre aux exigences de la loi militaire et ne le distingue pas à ce point de vue du reste des citoyens. Mais elle ne justifie pas l'autorité qui affecte le prêtre au combat, alors qu'il y a, à l'armée, tant d'autres affectations utiles qui ne répugnent pas au caractère sacerdotal et qui, on me permettra de le noter, ne sont nullement exemptes de danger: nos prêtres brancardiers en savent quelque chose. C'est ce qu'avait compris la législation française de 1889; c'est ce qu'a méconnu la loi de 1905.

En fait, il y a aujourd'hui trois catégories de prêtres que la guerre a mobilisés et qui servent dans l'armée française: 1° les aumôniers militaires, au nombre de plusieurs centaines qui accomplissent à l'armée le service propre au prêtre, conformément aux brefs pontificaux; 2° les prêtres non combattants, mobilisés dans les services d'administration ou de santé, en vertu de la loi de 1889, et c'est de beaucoup le plus grand nombre des 25.000 prêtres aujourd'hui mobilisés; enfin les prêtres combattants, c'est-à-dire, les jeunes prêtres appelés au service dans les dix dernières années et qui n'ont pas, pour une cause ou pour une autre, été versés dans les services dits auxiliaires.

De ces derniers, quelle est donc la situation au point de vue ecclésiastique?

***

L'Eglise ne peut-elle jamais lever la loi qu'elle a faite et justement faite, qu'elle prétend maintenir et qu'elle maintient justement à l'état de principe et de règle générale, même dans les sociétés modernes, démocratiques et égalitaires?

Nous n'apprendrons rien à personne en rappelant que de tout temps l'Eglise, explicitement ou implicitement, a autorisé ses prêtres à combattre, dans des cas de suprême danger pour la chrétienté, pour la société, pour la nation. C'est saint Magloire, évêque de Dol, qui, les armes à la main, défend les îles normandes, contre les païens du Nord; ce sont les papes Jean VIII, Jean X, Saint Léon IX, Jules II; je ne parle pas de ceux qui ont organisé les croisades: Calixte III, Pie II, Saint Pie V. Ce sont les évêques français Gozlin, de Paris, Saint Ebbon, de Sens, Saint Emilien, de Nantes, Guérin, de Senlis, Philippe, de Beauvais, Richelieu, Sourdis; c'est le religieux Saint Jean Capistran; ce sont les cardinaux italiens ou espagnols: Scarampa, Caraffa, Albornoz, Ximenès, Ruffo, chefs d'armée, que poussèrent momentanément hors du sanctuaire la passion du bien public, celui de l'Eglise ou de l'Etat, et l'horreur des désordres suscités par l'infidèle, l'hérétique, le révolutionnaire; ce sont ces curés du douzième et du treizième siècles qui, conduisant les milices des communes, firent triompher l'autorité royale de la tyrannie sanguinaire de certains féodaux et, en assurant la victoire de Philippe-Auguste à Bouvines, renouvelèrent, dans une communion nationale, le pacte conclu à Reims entre la France et l'Eglise catholique.

Les circonstances présentes autorisent-elles de la part de l'Eglise des dérogations de ce genre au droit commun?

Le Pape l'a pensé: considérant les inconvénients très graves qui résulteraient pour les prêtres français et pour l'Eglise d'une résistance à la loi; tenant peut-être aussi compte de l'extrême danger couru par la nation, il a suspendu, par un décret de la Sacrée pénitencerie de mars 1912, les effets de l'*irrégularité* que les clercs pourraient contracter en combattant, les autorisant par là même à célébrer la sainte messe et à user de leurs pouvoirs sacerdotaux; depuis que la guerre a commencé, Benoît XV n'a cessé de témoigner de sa tendre sollicitude à l'égard des prêtres combattants et a, par diverses mesures, mis leur conscience à l'abri de toute inquiétude.

Que les catholiques de tous pays épargnent donc à nos braves prêtres-soldats la douleur de se sentir incompris et blâmés par leurs frères! Que leur cœur généreux accorde, sans se troubler, un juste tribut d'admiration aux actions héroïques qui ont ramené à notre clergé tant d'esprits égarés!

III

LE CLERGE FRANÇAIS
A-T-IL PECHE PAR EXCES DE NATIONALISME?

On s'est étonné, chez certains neutres, ou l'on a affecté de s'étonner de ne pas voir le clergé français se prononcer pour la paix coûte que coûte; on s'est scandalisé, ou on a feint de se scandaliser de le voir se soumettre aux obligations du service militaire, telles qu'elles résultent des lois françaises; j'ai répondu à ces deux objections, en m'appuyant, non seulement sur des circonstances de fait, mais sur les principes mêmes de la théologie catholique.

Mais il est une troisième accusation que les Allemands et leurs dévots admirateurs portent volontiers contre notre clergé, évêques, prêtres et religieux; c'est d'avoir donné le pas à l'idée nationale sur l'idée religieuse et d'avoir sacrifié la seconde à la première.

Cette accusation traîne partout; elle est solennellement et lourdement formulée dans l'odieux chapitre rédigé par le docteur et conseiller ecclésiastique Aloys Knœpfler, sous ce titre : *La guerre et les lettres pastorales des évêques allemands et français*, chapitre qui fait partie du livre : *La culture allemande, le catholicisme et la guerre*. A cette accusation, il importe de répliquer aussi.

⁂

Pourquoi qualifier d'odieux ce chapitre de Knœpfler ?

D'abord, parce qu'il viole par ce débordement d'injures à l'égard de notre épiscopat les instructions données par le Saint Père dans sa réponse aux évêques allemands du 6 septembre 1915 ; ensuite parce qu'il repose sur des textes volontairement et sciemment *falsifiés* par l'auteur, qui avait les véritables textes sous les yeux. Je le prouverai tout à l'heure.

En dépit de toutes les réponses que nous avons déjà opposées à cette calomnie, M. Knœpfler prétend, à son tour, que les évêques français ont déchiré la tunique sans coutures de l'Eglise et jeté la hiérarchie catholique dans la mêlée. Des évêques français ont couronné « ce monument de haine politique », ce « document ignominieux, véritable défi jeté à la vérité », qu'est le livre : *La guerre allemande et le catholicisme* « en lui prêtant l'autorité de leur titre de princes de l'Eglise ». Il en est même qui, dans leurs lettres pastorales, se sont permis d'avancer de nouvelles accusations contre les Allemands !

« La différence fondamentale des idées, des sentiments, des manières de voir en matière religieuse chez les Allemands et chez les Français éclate ici au grand jour. Alors qu'un certain nombre de cardinaux, d'archevêques et d'évêques français se sont faits les auxiliaires exempts de scrupule et résolus de la passion politique et de l'effervescence nationale, le respect dû à l'autorité et au prestige de l'épiscopat a inspiré, en Allemagne, la plus grande réserve quant à la participation des évêques à la défense, si légitime qu'elle soit, contre d'injustes attaques... Quelle note différente dans les lettres pastorales allemandes et dans celles des évêques français ! Chez les évêques allemands, la religion seule dicte l'intention, le but et la forme ; chez les évêques français au contraire, du moins dans les lettres pastorales publiées, l'idée nationaliste, quand ce n'est pas celle de la revanche, sert de guide exclusif. »

Rappelons d'abord qu'il est faux que les évêques français aient jeté la hiérarchie catholique dans la mêlée. J'ai dit et redit dans les *Préfaces de la Guerre allemande et le catholicisme*, puis de *l'Allemagne et les Alliés devant la conscience chrétienne*, et en maint autre lieu « que les évêques, membres du Comité catholique de propagande française, évêques des diocèses momentanément envahis, *ne sont pas intervenus au nom de la hiérarchie catholique*, mais comme *témoins autorisés* des événements et des faits qui s'étaient passés chez eux, comme garants aussi de la doctrine, de la valeur morale, de la sincérité des auteurs des livres en question. Et si nous avons cité trois documents émanant d'évêques « de l'arrière », c'est en vertu de raisons particulières que nous avons loyalement exposées. J'ai dit, et je répète, que les évêques français avaient poussé si loin le souci de ne pas partager la hiérarchie que, réunis à l'Institut catholique de Paris, le 25 novembre 1914, ils avaient évité toute manifestation d'ensemble relative à la guerre. Trois semaines plus tard, le 13 décembre, les évêques allemands, par une lettre collective, s'efforçaient d'écarter de l'empereur et du peuple allemand toute responsabilité dans le déchaînement de la guerre mondiale et affirmaient, devant Dieu et devant les hommes, que la guerre leur avait été imposée!

J'ai dit et je répète encore qu'il y aurait toujours cette immense différence entre les évêques français qui ont rendu témoignage aux publications du *Comité catholique de propagande française* et les évêques allemands, que les premiers parlent de ce qu'ils ont vu et constaté de leurs yeux, tandis que les seconds parlent de ce qu'ils n'ont pas vu, mais de ce qu'on leur a fait croire.

J'ajoute enfin que, quand il y aurait une différence de ton entre les lettres des évêques allemands et celles des évêques français, cette différence ne serait que trop justifiée par celle des situations. Et contre quoi donc s'exercerait la véhémence des évêques allemands? Ce ne sont pas leurs diocèses qui ont été envahis, ce ne sont pas leurs ouailles qui ont souffert de la brutalité et des crimes des envahisseurs? Il leur est facile de parler avec sérénité.

Est-il vrai, au surplus, que, dans leur langage, les évêques français aient dépassé les bornes? NON!

« Nous ne pouvons, dit M. Knœpfler, citer ici que les passages marquants. »

Le malheur veut, M. Knœpfler, que ces passages marquants, ou vous les avez *falsifiés*, ou vous leur avez donné un sens qu'ils n'ont pas.

Votre premier grief, c'est l'adhésion donnée par beaucoup d'évêques de France à l'admirable lettre du cardinal Mercier sur le *Patriotisme*. Et comme vous la traitez cette lettre qui, selon vous « ne peut pas soutenir la comparaison avec celles des archevêques et évêques allemands ! »

Quand le cardinal écrit que « de certains milieux il s'est élevé contre Dieu des paroles amères qui, si elles étaient froidement calculées, seraient presque blasphématoires », vous osez traduire que, de l'aveu du cardinal, *le patriotisme* des Belges est allé jusqu'au blasphème ! Il ne s'agit pas de leur patriotisme, Monsieur, il s'agit de *leurs souffrances*. Il est vrai que vous reprochez au grand cardinal de n'avoir pas reconnu que la raison des souffrances des Belges « *c'est leur attitude contraire au droit des gens* ». Ce sont les Belges qui ont violé le droit des gens et déchiré le chiffon de papier!

De sa hauteur cependant, le conseiller ecclésiastique Knœpfler daigne reconnaître que le primat de Belgique a « une excuse morale ». Mais « les cardinaux et les évêques français ne jouissent pas du bénéfice de cette circonstance atténuante ».

Une lettre surtout exerce la verve de M. le conseiller, celle des évêques de la province de Lyon. « Ils font, dit-il, baiser par le peuple les chaînes du cardinal Mercier. » Pardon, Monsieur, j'ai le regret de vous dire que, pour la seconde fois, vous êtes un faussaire. Le texte est celui-ci : « SI demain vous alliez en prison, avec quel amour *il baiserait vos chaînes.* » Il s'agit d'une hypothèse et vous ne l'ignorez pas, car vous indiquez vous-même la page du volume où elle se trouve et auquel vous répondez : *La guerre allemande*, etc., p. 241.

Après les lettres d'adhésion au cardinal Mercier, celles des témoins oculaires. M. Knœpfler les traite avec le même sans-gêne que les précédentes. Tranquillement, il accuse Mgr Lobbedey, évêque d'Arras « d'avoir qualifié de *surnaturel* l'enrôlement voulu par son gouvernement maçonnique des prêtres comme soldats dans l'armée active ». Mensonge et calomnie! Voici la vérité : à la fin d'un paragraphe où il a montré *ce qu'il y a de vie chré-*

tienne dans l'armée, l'évêque d'Arras cite à l'appui de sa démonstration, la parole d'un *général :* « Cette guerre, où le prêtre mêle son sang à celui du soldat, *resplendit de surnaturel.* » Comparez les deux textes et jugez !

Le même évêque d'Arras est encore incriminé pour avoir écrit que « la guerre a été imposée à la France ».

Comme toujours, deux poids et deux mesures : la même phrase est admirable de la part des évêques allemands, exécrable de la part des évêques français.

M. Knœpfler s'en prend à l'archevêque de Cambrai « successeur du grand Fénelon », pour avoir affirmé que les soldats français « sentent d'une manière plus ou moins expressive qu'ils sont les soldats du Christ et que mourir à la française veut dire mourir en chrétien. » A quoi, du sein de son confortable repos, M. le Conseiller réplique par une lâche et basse insulte jetée à la face de de nos braves soldats qui meurent dans la tranchée. Mourir à la française ! c'est mourir au milieu des femmes dont les rires étouffés se font entendre !

Quant à Mgr Turinaz, comment lui pardonnerait-on d'avoir attesté la vérité des faits atroces et sacrilèges qui se sont passés, notamment à Gerbévillers ?

Les paroles du sage Mgr Mignot, archevêque d'Albi, ne sont pas moins faussement interprétées.

M. Knœpfler le cite, mais il a grand soin d'omettre les lignes par lesquelles l'archevêque introduit sa pensée. « En Allemagne, comme partout ailleurs, écrit Mgr Mignot, il y a d'excellentes gens, de bons catholiques, de bons protestants, édifiants pris individuellement, mais dont l'état d'âme, la mentalité intellectuelle a été en partie déformée. Le mensonge a contribué à fausser les esprits et les cœurs. Dans certains milieux, sincèrement religieux, on n'est pas loin de nous regarder comme des impies, des blasphémateurs dignes de tous les châtiments divins. Hélas ! il est si facile et si commun, même chez les catholiques, de s'ériger en justicier de Dieu. Aux yeux de certains groupes piétistes, nous sommes de vrais Amalécites, des Chananéens, des Hittites, des Pharisiens que Dieu a en abomination. Certes, nous sommes loin de dissimuler nos tares ; souvent même, nous nous faisons pires que nous ne sommes par bravade, légéreté, sottise, manque de sérieux, que sais-je encore ? Mais n'y a-t-il d'Amalécites que chez nous ? » Tout cela est la vérité même ; les mérites des Allemands et nos tares sont reconnus ; la balance est tenue fort égale ; pas un gros mot ! Pourquoi donc M. Knœpfler a-t-il passé sous silence l'hommage rendu aux Allemands et commencé sa citation par ces mots : « Le mensonge, etc... », sinon pour donner l'idée que Mgr Mignot a injurié les Allemands et exalté les Français ? Au surplus, c'est à propos de l'énumération, par le même archevêque d'Albi, des crimes allemands : Louvain, Reims, Soissons, Arras, que M. Knœpfler a écrit cette phrase, après laquelle il semble que l'on puisse tirer l'échelle : « Est-ce hasard ou inconsciente ironie? Mais l'évêque énumère justement tout au long la liste des crimes, il stigmatise précisément les méfaits, dont les Français et leurs alliés moscovites se sont souillés eux-mêmes. »

Toujours fidèle à la charité et au respect de la hiérarchie recommandés par Benoît XV, notre auteur déclare que les pages de Mgr l'évêque de Versailles « ressemblent presque à *une monstruosité* dans la bouche d'un évêque catholique ». Cette monstruosité consiste à avoir mis en lumière le rôle providentiel de la France et montré que, si la France tombait, l'Eglise catholique subirait un recul.

Au surplus, c'est toute la conduite des évêques français qui est mise en cause par le Conseiller ecclésiastique munichois. Ne s'avise-t-il pas de prétendre que c'est au gouvernement français, et non pas aux Allemands, que nos évêques auraient dû s'attaquer? S'ils eussent été conscients de leur véritable mission, ils auraient insisté sur les torts de la France et lui auraient démontré qu'elle a bien mérité son triste sort.

En vérité, depuis trente ans, nos évêques ont dénoncé les actes néfastes de nos gouvernants et montré aux Français leurs fautes et leurs devoirs.

Au début de la guerre, ils se sont trouvés en

face d'une levée de boucliers de la part des neutres catholiques, excités par les Allemands et leur propagande effrénée.

Ce qu'ils avaient à faire, c'était de crier : Halte-là ! La France a eu ses torts, mais elle n'a pas eu que des torts. Ce qu'ils avaient à mettre en lumière, c'était l'autre côté, le beau côté de la médaille, l'esprit et la vie catholiques qui subsistent chez nous, le rôle catholique que la France conserve dans le monde. Ils l'ont fait et ils ont bien fait.

Les Allemands osent leur reprocher d'avoir été faibles devant le gouvernement, d'avoir fait taire leurs revendications et par là d'avoir sacrifié leur mission religieuse.

Il est vrai que de leurs évêques si souvent aux pieds de Guillaume II, de leurs évêques qui semblent constamment oublier que leur empereur est hérétique, qui louent « sa piété » et le félicitent « de n'avoir jamais rougi de proclamer sa foi », sa foi protestante, n'est-ce pas ? de leurs évêques, ils ne craignent pas, par une plume épiscopale, de proclamer qu'ils sont dignes des prophètes d'Israël ?

N'est-ce pas à croire que les mots ont perdu leur sens ?

Nos évêques se sont conduits en bons patriotes, en dignes successeurs de ceux qui, suivant un mot célèbre « ont fait la France », mais, par aucun de leurs actes, par aucune de leurs paroles *authentiques*, ils n'ont compromis leur ministère de pasteurs.

⁎⁎⁎

Et le reste du clergé? Eh bien! lui aussi, il s'est souvenu du lien si étroit qui l'a, pendant tant de siècles, uni à toutes les manifestations de la vie nationale, à toutes ses grandeurs, à tous ses deuils, à tous ses espoirs. N'a-t-il pas été, sous la direction de ses évêques, l'un des artisans de la patrie?

Il a donc fait preuve du plus ardent patriotisme.

Il a oublié momentanément ses griefs les plus fondés, il n'a pas mis à prix son concours. Quand il s'est agi de faire sortir l'or des coffres-forts, ou des bas de laine, pour l'amener dans les caisses de l'Etat, ou encore d'aider au succès des emprunts nationaux, il a rendu tous les services que l'intérêt du pays et de sa défense pouvait réclamer. N'est-ce pas un ancien jésuite, un de nos prédicateurs les plus justement écoutés, le père Coubé, qui a prononcé sur le devoir de verser son or, le plus éloquent, le plus persuasif des discours?

Quand a commencé l'œuvre catholique de propagande française à l'étranger, nos plus pauvres curés de campagne, ceux même des régions qui avaient souffert des misères de l'invasion et qu'assiégeaient les mille besoins de populations à peine libérées, ont tenu à apporter leur obole, accompagnée de quelles vibrantes lettres d'encouragement!

Même ce qu'on a appelé la *rumeur infâme*, c'est-à-dire l'imputation calomnieuse qui tendait à rejeter sur le clergé la responsabilité de la guerre, n'a pas été capable de le faire reculer ; il a bravé l'impopularité, plutôt que de sacrifier la moindre parcelle de l'intérêt national.

Est-il vrai que, dans les églises, les cérémonies et les prédications aient pris parfois une couleur plus patriotique que religieuse, comme les Allemands et leurs amis nous l'ont si âprement reproché ? Rarement, très rarement. On a, dit-on, chanté la *Marseillaise* dans LES églises. Je n'en connais guère qu'un cas authentique ; je ne l'approuve pas, encore que les Polonais et bien d'autres peuples opprimés et souffrant ne se croient nullement interdit de mêler des chants nationaux aux chants religieux dans leurs pieuses cérémonies ; mais les origines et les paroles de la *Marseillaise* semblent devoir l'exclure des sanctuaires. Quoi qu'il en soit, un cas est un cas, et dans la circonstance, il n'était autre chose que l'explosion spontanée d'un enthousiasme patriotique, ni préparée, ni approuvée par le clergé.

De même les prédications ; quelques-unes ont-elles été un peu trop véhémentes ? C'est possible. Il ne faut pas oublier que nous étions les envahis, les attaqués, et qu'il s'agissait d'aider le peuple à ne pas faiblir.

Mais ce que je sais bien, c'est que jamais dans la chaire de nos églises, n'ont retenti des doctrines de guerre comparables à celles qu'ont osé prôner tant de députés catholiques du centre allemand.

C'est que jamais nos prêtres n'ont permis de répondre au crime par le crime. Ce que le R. Père Janvier a écrit dans le livre : *L'Allemagne et les Alliés devant la conscience chrétienne.* « Quand même l'ennemi aurait commis tous les excès, il serait défendu de lui répondre par un seul excès », ce qu'il a écrit là, il l'a dix fois proclamé, de sa voix éloquente, sous les voûtes de Notre-Dame.

Ce que je sais encore, c'est que jamais notre clergé n'a abandonné son rôle religieux et que celui-ci a toujours passé le premier. Réduits à un trop petit nombre par le fait de la mobilisation de plus de vingt-cinq mille d'entre eux, les prêtres et les religieux restés à leur poste de l'intérieur, se sont multipliés. Ils ont visité les malades et les affligés ; ils ont réuni chaque jour les fidèles au pied de l'autel ; ils sont montés en chaire, toutes et quantes fois qu'il l'a fallu, pour soutenir et pour consoler les âmes. Qui dira l'effort prodigieux, par exemple, d'un père Sertillanges ?

Mais toujours ils ont rappelé le véritable idéal chrétien, le devoir de la prière, celui de la résignation à la volonté de Dieu, celui de la pénitence et du sacrifice.

En un mot, nos prêtres ont agi et ont parlé comme des prêtres doivent agir et parler. Je souhaite à tous les peuples neutres, si jamais le fléau de la guerre vient à s'abattre sur eux, un clergé qui comprenne son devoir, tout son devoir, comme l'a fait le clergé français.

IV

LA VICTOIRE DE LA FRANCE NE SERAIT-ELLE PAS LA VICTOIRE DE L'ATHEISME?

Voilà certes une des objections les plus spécieuses parmi celles que nos adversaires mettent en avant pour persuader au monde que Dieu et les hommes sont intéressés à la défaite de la France.

Disons tout de suite que malheureusement, l'attitude de notre gouvernement donne crédit à une telle objection. La neutralité religieuse que, comme la plupart des gouvernements modernes, il se trouve par les circonstances amené à observer, peut bien l'obliger à ne pas choisir entre les religions, mais nullement à passer Dieu sous silence. Or, seul de tous les gouvernements du monde, il s'abstient en toute occasion, non seulement de recourir à Dieu par la prière, mais même de le nommer. Nous en sommes humiliés, nous en souffrons et nous condamnons énergiquement cette douloureuse et coupable abstention.

Nous croyons même qu'elle est en partie la

cause des maux que nous supportons et du long retard de la victoire.

Ceci dit, faut-il en conclure que cette victoire Dieu nous la refusera, ou que, s'Il nous l'accorde, Il travaillera Lui-même pour la cause de l'athéisme?

Non. Ce serait aussi mal raisonner que de dire: Le Gouvernement français n'avait pas préparé la guerre; le peuple français s'était en grande partie laissé leurrer par les rêves de l'internationalisme et de la paix perpétuelle; donc, la victoire de la France serait celle de l'imprévoyance et du pacifisme.

Ce qui est fait *malgré* quelque chose ne peut pas être proclamé fait *par* ce quelque chose.

La victoire de la France, dont nous avons aujourd'hui la certitude morale, ne sera la victoire ni de l'imprévoyance, ni du pacifisme, ni de l'athéisme; elle sera la victoire de la France *telle qu'elle est*, avec ses qualités et ses défauts dont le plus grave, le plus déplorable, serait l'athéisme, à supposer que la France fût athée.

***

Mais de ce que le Gouvernement français ne prononce pas le nom de Dieu, faut-il conclure que la France est athée?

Non encore et mille fois non! *La France n'est pas athée.* Dans quelle mesure la majorité des Français est attachée à une religion positive, dans quelle mesure elle est catholique, je le dirai dans le prochain chapitre. Mais ce que je puis affirmer, c'est que le nombre des athées y est infime.

Quelques hommes politiques appartenant aux partis qui se qualifient d'avancés, probablement parce qu'ils s'attachent à des erreurs vieilles comme le monde, font bruyamment profession d'athéisme et entraînent à leur suite un certain nombre de pauvres dupes, un petit lot de savants matérialistes, quelques paysans en deux ou trois régions fort peu étendues, et c'est tout.

Mon ministère ecclésiastique m'a conduit dans tous les milieux; avant d'être prêtre, j'ai, seize années durant, accompagné mon père, le savant économiste, dans les voyages d'enquête qu'il poursuivait sur l'état des populations agricoles de la France; depuis la guerre, j'ai causé avec plusieurs centaines de blessés venant de tous les points de notre pays, cultivateurs et ouvriers; personnellement, je n'ai pas rencontré un seul athée.

Parmi les populations qui passent pour les plus

irréligieuses et dont les votes vont en général aux radicaux-socialistes, j'ai reconnu à tout le moins les croyances essentielles de la religion naturelle, c'est-à-dire, la croyance en Dieu et en la vie future, avec un rapport de rémunération entre cette vie future et la vie présente, presque toujours aussi l'idée que le prêtre est un intermédiaire légitime entre l'homme ignorant et la Divinité, qu'accepter son ministère à l'heure suprême, c'est faire acte de foi en Dieu et en l'autre vie et se réconcilier avec Celui que l'on a offensé ici-bas. Plus d'une fois, je l'avoue, je n'ai pas trouvé autre chose; mais, cela, je l'ai toujours trouvé.

La croyance et la pratique de la grande majorité des Français s'étendent beaucoup plus loin, je le répète, il me sera facile de le démontrer. Tenons-nous en là pour l'instant et proclamons hautement : La France n'est pas athée; donc sa victoire ne serait pas celle de l'athéisme.

Reste cependant une question; je ne cherche pas à l'esquiver, car je discute loyalement.

L'exemple du gouvernement français n'est-il pas néfaste et dangereux? Si la France est victorieuse, il bénéficiera de la victoire. Et, comme il y a de par le monde, dans chaque nation, des politiques et des sectaires animés du désir d'imiter le gouvernement français, ceux-là ne s'autoriseront-

ils pas de la victoire qu'il fera sienne pour dire :
« Vous voyez bien! Le gouvernement français affichait une sorte d'athéisme pratique et cependant la victoire s'est rangée sous ses drapeaux! » — Oui, il y aura des gens qui raisonneront ainsi, c'est bien sûr.

Voici quelques milliers d'années, au témoignage de la Sainte Ecriture, que les hommes s'écrient : « J'ai péché et que m'en est-il arrivé de fâcheux? » Et pourtant, Dieu continue à ne pas punir immédiatement et dès ici-bas, tous les pécheurs, même ceux qui boivent l'iniquité comme l'eau.

D'ailleurs, regardons un peu de l'autre côté. Voilà des gouvernements, voilà des hommes qui ont foulé aux pieds les traités et les serments les plus solennels, qui, les uns par leurs ordres, les autres par leurs actes, ont massacré et martyrisé des non-combattants, faibles et innocents, souillé et mutilé des femmes et des enfants, rétabli les pratiques de l'esclavage antique pour de malheureuses populations déportées, et ces gouvernements et ces hommes ont invoqué le nom de Dieu!

Vous qui craignez si fort que d'autres ne s'autorisent de l'athéisme officiel du gouvernement français, si la France est victorieuse, ne redoutez-vous pas qu'on ne s'autorise aussi des atrocités commises pour prétendre que Dieu les permet et les couronne? Et donc que les uns n'en commettent encore davantage et que les autres, au contraire, ne se scandalisent et ne déclarent: « Puisque de telles abominations sont possibles et demeurent impunies, c'est que Dieu n'existe pas, ou qu'il ne s'occupe pas des affaires humaines! »

Laissons donc Dieu agir comme Il l'entend et suspendre avec miséricorde son jugement sur les hommes coupables.

Ne disons pas, les uns: La victoire de la France serait celle de l'athéisme; les autres: La victoire de l'Allemagne celle du crime triomphant.

Disons: La victoire sera la récompense des qualité et des efforts des uns ou des autres, *malgré* leurs fautes et leurs défauts; elle sera la suite d'une volonté ou d'une permission divine sur cette époque de l'histoire du monde, où de tragiques événements nous font entrer. Quant aux hommes qui l'auront remportée ou ne l'auront pas obtenue, ils seront jugés, les uns et les autres, selon leurs mérites et pour l'éternité.

Telle est la vérité philosophique, morale et religieuse; tout homme de bon sens et de sens chrétien ne manquera pas d'en convenir.

V

LA FRANCE
EST-ELLE ENCORE UNE NATION CATHOLIQUE?

Que répondre à ceux qui posent cette question? Ouvrons l'Evangile et lisons cette parabole du Christ: Un homme avait deux fils; s'approchant du premier, il lui dit: « Mon fils, allez donc aujourd'hui travailler dans ma vigne. » Et le fils de répondre: « Je n'irai pas! » mais touché de repentir, il y va. La même parole est dite à l'autre qui répond: « J'y vais! » et se garde de bouger. Alors, Jésus demande à ses interlocuteurs: « Lequel des deux a fait la volonté du père? » « Le premier. » — « En vérité, s'écrie le Seigneur, les publicains et les courtisanes vous précéderont dans le royaume des cieux. » Et le même Sauveur a dit encore: « Ce ne sont pas tous ceux qui crient: Seigneur, Seigneur! qui entreront dans le royaume des cieux, mais ceux qui font la volonté de mon Père qui est au Ciel. »

Eh bien, ces deux paroles du Maître me reviennent souvent à l'esprit quand on me demande si la France garde encore son rang parmi les nations catholiques.

***

Oui, la France est une nation frondeuse, difficultueuse, qui parle, qui crie, qui murmure, qui se fâche, qui dit volontiers quand il s'agit d'église et de religion: « Je n'irai pas. » Mais elle va. Voyez ses œuvres !

Oui, la France est une nation qui, par une erreur grave et coupable, a laissé s'établir chez elle un gouvernement qui se refuse à dire, même quand il le devrait: « Seigneur! Seigneur »; mais, dans l'ensemble, elle continue à multiplier les actes chrétiens. Voyez ses œuvres !

D'autres nations, au contraire, se targuent volontiers d'être les premières au sein du christianisme et de l'Eglise catholique. A cette mère l'Eglise et à Dieu lui-même, elles disent très haut et avec empressement: « Je vais à votre vigne. » Mais elles n'y vont point, ou n'y travaillent guère: voyez leurs œuvres ! Leurs chefs invoquent le Seigneur en toutes circonstances et le prennent à témoin, même quand il vaudrait mieux le prier de voiler sa face; mais... voyez leurs œuvres !

***

Qu'est-ce qu'une nation catholique ?

C'est une nation chrétienne soumise au Pape. Voilà le premier signe, la caractéristique extérieure visible à tous, le diagnostic qui permet de la reconnaître.

Or, si par un douloureux accident, qui remonte à dix ans et prendra fin bientôt, nous l'espérons, le gouvernement français a rompu ses relations diplomatiques avec le Saint-Siège — fait qui n'est pas sans précédent, même ailleurs — il n'a cependant jamais versé dans ce que nous, catholiques, nous appelons le schisme ou l'hérésie. Nos chefs d'Etat, élus par les Chambres, ont pu être de médiocres, quelquefois de mauvais catholiques; pas un, — c'est un fait — n'a été protestant; pas un n'est mort sans avoir reçu les sacrements de l'Eglise; c'est-à-dire, sans s'être, en fin de compte, réconcilié et avoué le fils de cette Eglise.

Quant à la nation elle-même, il n'en est point qui pratiquement pousse plus loin l'obéissance au Saint-Siège. Un nonce du Pape en faisait déjà la remarque au XVIe siècle, devant les Etats généraux de Blois: « Vous autres, Français, vous vous plaignez souvent du Pape; mais en fait, il n'y a pas une nation sur la terre qui le sollicite plus souvent d'intervenir, qui lui demande plus de dispenses et de permissions », ajoutons, qui obéisse plus fidèlement à ses ordres. Pie X aimait à le reconnaître et ses sournois adversaires de tous pays nous en maudissaient.

Où les décrets contre le modernisme ont-ils été plus observés? Où les décrets sur la première communion précoce? Et, lors de la Séparation de l'Eglise et de l'Etat, l'encyclique qui condamnait les associations cultuelles, quel accueil a-t-elle reçu ? Dans la France entière, il s'est trouvé trois ou quatre malheureux prêtres égarés par l'ambition, le vice, ou l'orgueil, pour esquisser une résistance aussitôt brisée. Tous les autres, par dizaines de milliers, ont, sans un mot de plainte, que dis-je, avec une joie surnaturelle, abandonné tous leurs biens, tous leurs moyens d'existence, plutôt que ne pas obéir au premier signe du Pape. Et tous les fidèles, non seulement les ont suivis, mais les ont soutenus de leurs deniers, de telle sorte que pas une église n'a été fermée, pas une n'a vu diminuer la pompe de ses cérémonies et que le Gouvernement en a été réduit à rentrer ses foudres. Tous les catholiques français, prêtres et fidèles, ont marché à l'ordre de Pie X, comme aujourd'hui nos « poilus » à l'ordre de Joffre. Même unanimité, même entrain !

*_**

Qu'est-ce encore qu'une nation catholique ?

C'est une nation qui pratique certaines dévotions, propres au catholicisme et à l'égard desquelles protestants et libres-penseurs professent une médiocre sympathie: la dévotion à la Très-Sainte Vierge, la dévotion au Sacré-Cœur, la dévotion à l'Eucharistie, la prière pour les morts.

J'en appelle à tous ceux des étrangers qui ont parcouru le monde et séjourné en France, à ceux qui ont cherché à connaître de notre pays autre chose que les lieux où l'on s'amuse.

Ont-ils trouvé nulle part ailleurs plus de fervents amis de Marie, du Cœur Sacré de Jésus, de l'hôte divin de nos tabernacles? Ils ont vu les foules de Lourdes et de Paray-le-Monial, sanctuaires choisis sur notre sol national par la Vierge et par le Christ dans leurs apparitions, les foules aussi de Notre-Dame des Victoires et de Montmartre, en plein Paris. Ils ont vu, dans nos églises, la sainte table assiégée chaque matin par les rangs pressés de chrétiens avides de se nourrir du pain sacré; ils ont vu nos adorations perpétuelles, nos adorations nocturnes, qui jamais ne défaillent. Ils ont vu les populations les plus révolutionnaires de certains de nos faubourgs s'émouvoir à la rencontre de premières communiantes, vêtues de leurs blancs habits, et, dans les mêmes quartiers, toutes les femmes, depuis les meilleures jusqu'aux pires, se signer publiquement du signe de la croix au passage des convois funèbres.

Qu'ils parlent donc et qu'ils disent si telle n'est pas la vérité!

Qu'est-ce enfin qu'une nation catholique? C'est une nation qui unit les œuvres à la foi: *quid proderit, fratres mei, si fidem quis dicat se habere, opera autem non habeat?* Cet avis de l'apôtre saint Jacques, comme les Français, avec leur bonne et droite logique, en sont convaincus, comme ils s'en inspirent dans leur conduite! La France n'est-elle pas la terre par excellence des œuvres catholiques? D'où est sortie l'*Œuvre de la Propagation de la Foi?* et qui la soutient encore principalement? *D'où la Sainte Enfance?* D'où les *Conférences de Saint Vincent de Paul?* Quel peuple a un budget de charité égal à celui de la France ? Quel peuple fournit au monde plus de missionnaires? et des missionnaires plus désintéressés?

Et si je considère la vie intellectuelle de la religion, car la religion catholique est une religion où la doctrine vit, se développe, s'explicite, quel pays produit davantage que le nôtre?

N'est-il pas vrai que les nations latines, notamment, se nourrissent surtout des livres de théologie, de philosophie, d'histoire, d'exégèse, d'ascétique, de mystique, de piété, dûs à la plume d'auteurs français? Où, Rome mise à part, le haut enseignement catholique a-t-il plus de force et plus d'éclat que chez nous?

Et qu'est-ce que tout cela prouve, sinon la vie du catholicisme dans notre patrie, sinon que la France est encore une nation catholique?

On me dira: « Eh bien, nous en tombons d'accord, le catholicisme est chez vous intelligent et actif, mais c'est le lot d'une minorité. Or, en juge une nation sur sa majorité. »

De cela même, je ne veux pas convenir.

Il est vrai qu'une secte, appuyée trop souvent par des partis politiques victorieux, travaille depuis longtemps en France, — et ailleurs aussi, — à ruiner la religion dans les âmes populaires; l'école laïque est son œuvre la plus dangereuse. Mais malgré de douloureux succès ici ou là, elle est loin d'y avoir réussi. La presque totalité des Français marque du sceau chrétien et catholique les actes importants de la vie. Dans la majorité de nos départements, le plus grand nombre des habitants fréquente l'église; pour des raisons qu'un autre chapitre fera connaître, la carte électorale de la France ne coïncide pas, tant s'en faut, avec la carte religieuse, la carte des opinions politiques avec celle des croyances. Les provinces du Nord et de l'Ouest, une partie de celle de l'Est, celles du Plateau Central, des Alpes, des Pyrénées et du Sud-Ouest au nord des Pyrénées sont demeurées fidèles à la foi et à la pratique. Il y a déchet dans les environs de Paris, certaines régions de la Bourgogne, de la Champagne, du Centre et du Midi méditerranéen. Là même subsiste, comme je l'ai précédemment montré, un minimum de religion naturelle; et lorsque, soit dans la vie privée, soit dans la vie nationale, les circonstances deviennent graves, l'âme catholique reparaît, même chez beaucoup de ceux qui ont fait profession d'anti-cléricalisme, voire d'incroyance. Qui ne l'a remarqué au début, puis aux heures les plus décisives de la terrible guerre que nous soutenons depuis plus de deux ans?

J'irai plus loin: jusque dans ses erreurs où l'on

découvre, en général, un fond de générosité, il reste chez le Français quelque chose de chrétien et de catholique. Mais le démontrer m'entraînerait au-delà des limites d'un écrit comme celui-ci.

Que l'on veuille bien m'en croire ! Ce sont encore des cloches catholiques qui vibrent dans le cœur des Français, et, de leur cœur, elles résonnent dans tout l'univers pour quiconque veut bien ne pas se laisser assourdir par le fracas d'autres cloches mises en branle par certains politiques et certains journalistes. N'est-il pas de cet avis, le secrétaire d'Etat de Benoît XV qui, il y a peu de temps, terminait par les paroles que voici, son entretien avec un envoyé du *Journal :* « Dites aux catholiques français que le Saint Père se souvient toujours que la France, dans sa longue et glorieuse histoire, a mérité le beau titre de fille aînée de l'Eglise.

Je suis sûr, malgré certaines apparences, qu'elle s'en souvient, elle aussi. »

VI

SI LA FRANCE EST CATHOLIQUE COMMENT SON GOUVERNEMENT NE L'EST-IL PAS?

La France, dites-vous, est encore une nation catholique et vous donnez de cette assertion des preuves assez solides; veuillez donc nous expliquer comment il se fait que, depuis quarante ans, son gouvernement ait cessé de l'être et soit même, plus ou moins, le contraire. Ce gouvernement n'est-il pas l'émanation de la majorité parlementaire? Et le Parlement n'est-il pas librement élu par ces citoyens que vous déclarez en majeure partie catholiques? Singulière énigme!

Oui, singulière énigme! et j'avoue qu'interrogé maintes fois sur ce sujet par des étrangers, je n'en ai jamais rencontré un seul qui ait compris pareille anomalie.

Elle choque et à bon droit, parmi nous aussi bien qu'au dehors, les catholiques qui mettent au-dessus de tout leur foi et leurs devoirs envers Dieu. Et cependant elle s'explique, cette anomalie, par de fortes raisons que je demande la permission d'exposer.

Notez bien que je dis: elle s'explique, et non pas elle s'excuse; car je n'ignore pas que tout catholique devrait mettre au-dessus de tout sa foi et ses devoirs envers Dieu.

De même tout catholique devrait observer les dix commandements de Dieu, être honnête, sincère, sobre et chaste.

Mais la faiblesse et l'imperfection humaines sont là, et quel peuple réalise cet idéal ?

Logiquement, chrétiennement parlant, la question religieuse devrait avoir le pas sur toutes les autres aux yeux du corps électoral; en fait, elle ne l'a pas dans notre pays, bien qu'elle y garde une très grande place, et beaucoup de causes concourent à ce qu'elle ne l'ait pas: de ces causes, les unes tiennent à l'état religieux de la France, les autres sont d'ordre politique.

Qu'il y ait en France, dans toutes les parties de la France, des hommes foncièrement ennemis de la religion, des francs-maçons, des sectaires, le fait n'est que trop évident; et qu'ils exercent une influence sur la politique, c'est également incontestable.

Mais, quand on a reconnu qu'ils ont de l'influence, on n'a ni tout dit, ni tout expliqué : loin de là.

Pas davantage n'est-il absolument exact de déclarer : la France n'est pas un pays irréligieux, mais c'est un pays anti-clérical, c'est-à-dire qui ne souffre pas l'ingérence du clergé dans les affaires publiques, celles de la commune, ou celles de l'Etat ; elle a horreur du gouvernement des curés.

Il est vrai qu'il a presque toujours existé, au moins dans la bourgeoisie française, une certaine défiance à l'égard des tendances dominatrices imputées à tort ou à raison au clergé.

Mais affirmer sans restriction d'un peuple dont les plus grands ministres pendant des siècles ont été des ecclésiastiques, d'un peuple qui seul, si je ne me trompe, en plein dix-huitième siècle, avait encore pour premier ministre un cardinal, d'un peuple dont le clergé, constitué en corps de l'Etat, a exercé une influence si considérable et généralement si sage sur les affaires publiques, affirmer dis-je, sans restriction de ce peuple qu'il a horreur du gouvernement des curés, c'est oublier les trois quarts de son histoire. Et si cette assertion est aujourd'hui fondée, à tout le moins n'est-il pas permis d'y voir une caractéristique de la race et de la nation françaises. Cherchons donc autre chose.

Dans un pays tout entier catholique, — or en France, le nombre des dissidents, protestants ou israélites, est infime par rapport à la masse de la population catholique, — la question religieuse, il importe qu'on le comprenne, ne se pose pas comme dans les pays catholiques sont une minorité. Là où les catholiques sont une minorité, en Allemagne, par exemple, ou en Hollande, ils constituent forcément un parti en tant que catholiques; ils y sont contraints sous peine de cesser d'être; aussi sont-ils amenés par la force des choses à mettre au premier rang leurs revendications religieuses; pas plus qu'en France présentement, ils n'arrivent à conquérir la majorité politique, mais par un jeu habile entre les divers partis, ils parviennent à se faire respecter et à obtenir d'utiles concessions; ils sont et ils demeurent des catholiques en face des protestants, une catégorie déterminée, en face d'une autre catégorie non moins déterminée.

Prenez au contraire des pays comme l'Italie, l'Espagne, la France, où tout le peuple appartient à une même confession, où tout le peuple, par le baptême et par les cérémonies religieuses qui accompagnent les principaux actes de la vie, est catholique, il est clair que, pour un tel peuple, la question religieuse ne se pose pas avec la même netteté. Si borné que je sois, je peux distinguer entre un protestant et un catholique; sauf le cas, plus rare qu'on ne le croit, de libre-pensée ou de franc-maçonnerie avérées, est-il si facile de tracer une ligne de démarcation parfaitement définie entre les candidats qui se présentent à mon suffrage ; où commence exactement le bon catholique, le médiocre catholique, le mauvais catholique?

Ce qui est vrai du candidat l'est encore plus de l'électeur. Un pays tout entier catholique est inévitablement composé de catholiques de qualité très inégale.

Dans la moitié des départements français, — j'en ai indiqué au cours d'un précédent article la répartition, — la foi est peu active chez le plus grand nombre, endormie, presque morte, chez certains ; mais, à peu d'exceptions près, tous les hommes, tous les électeurs, tiennent aux coutumes religieuses traditionnelles ; il leur faut une église et un curé, afin que soient célébrés catholiquement le baptême, le mariage, les obsèques ; afin que la messe du dimanche soit assurée, et de même l'instruction religieuse et la première communion des enfants. A cela, le député, fût-il radical, et le gouvernement se garderont de porter la moindre atteinte. On l'a bien vu, lors de la loi de Séparation de 1905 ; le Clergé, sur l'ordre du Pape, se refusant à l'observer, les églises auraient dû être fermées, les curés expulsés ; à quelle église, à quel curé a-t-on osé toucher? Il a fallu changer la loi. Et, sauf que le Clergé n'a plus été payé par l'Etat et que ses biens ont été confisqués, tout s'est passé comme devant.

Mais, d'autre part, je le reconnais, la masse électorale, dans ces départements tièdes, s'est trouvée satisfaite de ce minimum.

Dans quarante autres départements, la foi est plus vive et plus exigeante; là, ou bien des députés vraiment catholiques sont élus, ou bien les candidats, médiocres ou mauvais catholiques, s'appliquent à dissimuler leurs tendances irréligieuses. N'ai-je pas vu, dans un département du midi où la religion est en honneur, un candidat radical se montrer un chapelet entre les doigts? Bien entendu, ces candidats accompagnent à la messe, le dimanche, leur femme et leurs enfants. A l'occasion, ils font un cadeau à l'église, ou obtiennent pour elle du gouvernement une légère faveur, et chacun, dans le village, de s'écrier : « Quel brave homme! Ce sont les réactionnaires qui, par hostilité politique, l'attaquent sur le fait de la religion! »

Ce brave homme, arrivé à Paris, et siégeant à la Chambre, ou au Sénat, votera très mal.

Vous me direz: « L'électeur devrait constater son erreur et ne pas renouveler le mandat de son élu. » J'en tombe d'accord avec vous. Mais, le plus souvent, l'électeur rural ne se rend pas compte des conséquences du vote de son élu. Pourquoi? Parce qu'en France, comme partout, l'électeur rural s'élève difficilement aux considérations générales; il voit l'homme qui se présente à lui, il voit son petit coin, et, dans son petit coin, l'église est toujours ouverte, le culte célébré.

L'ouvrier des villes est plus accessible à ces idées générales et il vote plus aisément sur des idées ; mais il est trop souvent fasciné par le mirage du socialisme, persuadé que, en dehors des candidats socialistes, personne ne prendra en main la défense de ses intérêts, et la perfide habileté des chefs socialistes l'amènera à ne pas tenir compte dans ses votes de la religion que souvent il est très éloigné de haïr.

Il n'en reste pas moins, car je veux être sincère jusqu'au bout, que certaines circonscriptions, dont les habitants sont des catholiques pratiquants, se laissent parfois entraîner à nommer des députés hostiles à la religion, en sachant qu'ils le sont. Ces électeurs mettent en avant, eux aussi, certaines excuses, mais ces excuses sont de la nature de celles que tout pécheur peut invoquer pour expliquer ses fautes ; ils succombent à une tentation ; ils écoutent la voix de l'intérêt, ou ils cèdent à la crainte du gouvernement ; leur conscience ne parle pas assez haut.

Il s'agit, en général, de pays pauvres et par là même très dépendants. Le gouvernement qui s'est installé chez nous ne favorise que ses amis et traite les catholiques en adversaires ; si vous votez pour un catholique, vous n'obtiendrez pas tel chemin dont vous avez besoin pour écouler les produits de vos champs ; vous vous verrez refuser le droit de cultiver le tabac (monopolisé par l'Etat), culture lucrative ; ni vous, ni les vôtres, vous ne serez admis aux menues fonctions publiques, si désirées, de facteur postal, de cantonnier, d'employé d'administration ; aucune dispense ne vous sera accordée.

Nul n'ignore quelle est en tout pays la force du gouvernement. Elle est encore plus grande dans les pays de tradition monarchique comme le nôtre. Le peuple français avait le culte de son roi ; il ne croyait pas que le roi pût se tromper. Le gouvernement, quel qu'il soit, a un peu hérité de cette habitude de respect, de cette présomption favorable : *a priori*, il doit avoir raison ; on vote pour celui qu'il recommande.

Coupable faiblesse, c'est certain. Mais que feraient les autres peuples en face d'une situation analogue ? Qui a le droit de nous jeter la pierre ? Est-ce que la catholique Espagne ne vote pas régulièrement pour les candidats ministériels, changeant d'opinion, ou paraissant changer d'opinion, chaque fois que change l'équipe de ses gouvernants ?

Telles sont les raisons qui font que, dans un pays uni-confessionnel comme le nôtre, il est très difficile de constituer un parti qui repose sur une base purement religieuse, et d'obtenir que, pour la majorité des électeurs, même catholiques, les revendications d'ordre religieux passent habituellement au premier rang.

Mais, indépendamment de ces motifs tirés de l'état religieux de la France, il en est d'autres d'ordre tout politique qui contribuent encore à expliquer pourquoi le gouvernement français ne représente pas exactement la France religieuse.

Si les choses étaient ce qu'elles doivent être, la question religieuse ne se poserait pas perpétuellement devant le corps électoral; les rapports de l'Eglise et de l'Etat seraient normalement réglés pour un temps très long; la doctrine catholique serait respectée; il n'y aurait d'autres conflits que des conflits de détail, de ceux qui naissent inévitablement de la coexistence de deux pouvoirs s'exerçant sur les mêmes personnes et qu'il est, somme toute, facile de régler par une bonne volonté réciproque. Les élections se feraient donc sur le terrain politique, c'est-à-dire sur des questions d'intérêt national, militaires, économiques, politiques à proprement parler. Mais, de ce que, par suite d'un ensemble de circonstances, la question religieuse se rencontre toujours, il ne s'ensuit pas que les autres questions soient supprimées et ne gardent leur importance.

Comment veut-on qu'une grande nation comme

la France, et, qui plus est, menacée dans son existence nationale par de redoutables ennemis, n'attache pas une importance capitale à ce qui concerne l'armée et les relations extérieures ? Comment veut-on qu'un pays naturellement fécond, étendu, riche, mais entouré de rivaux dans l'ordre économique, n'attache pas une importance capitale aux problèmes sociaux ? Comment veut-on enfin qu'un peuple dont, en raison de révolutions passées, la constitution même est en jeu, n'attache pas une importance capitale à ses destinées politiques, au triomphe de tel ou tel parti ? Et comment tout cela ne pèserait-il pas dans la balance électorale à côté de la question religieuse ?

Et qu'adviendra-t-il si un fâcheux concours de circonstances semble mettre en opposition les intérêts religieux et les autres ?

Or, c'est précisément le cas qui s'est produit en France.

Aucun régime monarchique n'ayant pu s'établir solidement dans notre pays depuis la déplorable rupture de nos traditions nationales, à l'époque de la Révolution, toutes les tentatives de restauration monarchique ayant échoué après la guerre désastreuse de 1870, la majorité du peuple français s'est tournée vers la République, croyant trouver dans ce régime (à tort ou à raison, je ne l'examine pas ici), ce qu'elle cherchait au point de vue national, social et politique.

Or, par une lamentable fatalité, à peu près tous les chefs du parti républicain étaient des ennemis de l'Eglise et de la religion catholiques. Le clergé et les catholiques fervents pouvaient-il ne pas les combattre? Evidemment non. Mais alors il en résultait que le clergé et ces catholiques se trouvaient rejetés et classés parmi ceux que l'opinion qualifiait de réactionnaires et d'ennemis du Régime nouveau qui tendait à s'établir et qui jouissait de la faveur populaire.

Ce Régime parvint à s'installer et, une fois installé, à se maintenir par tous les moyens, y compris une pression électorale sans précédents, agitant devant les électeurs les spectres les plus capables de les effrayer: le retour à l'ancien régime; la réaction; la guerre; les privilèges de la noblesse, de la grande propriété, de la richesse acquise; l'inégalité sociale, l'absolutisme.

Une grande partie de l'opinion fut égarée. Elle soutint le régime politique, non pas en raison, mais en dépit de son attitude religieuse.

Malheureusement encore, le parti au pouvoir ne modifia pas cette attitude qu'il avait jadis adoptée dans l'opposition; il prétendit que la République n'était pas seulement *un régime,* mais *une doctrine,* et il se servit de sa force pour conquérir à cette doctrine les générations nouvelles.

Il les conquit partiellement, et c'était là l'immense danger qui menaçait la France et la religion, danger que ne cessaient de dénoncer et d'écarter autant que possible les évêques, les hommes politiques, la presse catholique.

Mais cette conquête était loin d'être achevée quand éclata la guerre de 1914. La majorité de la nation était encore catholique, dans la mesure que j'ai notée, plus fervente ici et là plus tiède.

⁂

En outre, un réveil, un renouveau catholique très marqué se manifestait dans la classe la plus éclairée de la nation et même, grâce aux œuvres, dans la classe populaire. L'offensive de l'irréligion semblait donc enrayée et la reconquête catholique commencée.

Notre espoir fondé est que la terrible épreuve que nous subissons accentuera ce mouvement, bien loin de l'arrêter.

Ces hommes jeunes et d'âge mûr qui reviendront du champ de bataille, où tant de fois leur vie aura été exposée, auront réfléchi, reconnu les fautes commises par les dirigeants et leurs propres erreurs, fortifié leurs convictions les plus saines.

De même qu'à la fin du XVIᵉ siècle, la France a conquis son roi et du protestant Henri IV a fait un catholique, de même la France de notre temps conquerra son gouvernement et celui-ci comprendra qu'il a mieux à faire que de s'escrimer contre les croyances religieuses d'excellents citoyens et de vaillants soldats.

Alors le véritable esprit français, depuis trop longtemps comprimé, s'épanouira de nouveau; le divorce cessera entre la nation et son gouvernement et du même coup l'anomalie qui scandalise à juste titre les étrangers.

VII

L'INTERET DE L'EGLISE
SERAIT-IL UNE RAISON SUFFISANTE
DE PRENDRE PARTI CONTRE LE DROIT?

Que de fois, depuis deux ans, n'avons-nous pas rencontré dans des écrits allemands, ou germanophiles, cet étrange argument: l'Allemagne ne fait pas une guerre religieuse, mais sa victoire profitera à la religion; l'Allemagne n'est pas catholique, ni dans son gouvernement, ni dans la majorité de sa population, mais sa victoire profitera au catholicisme; donc les hommes religieux et les bons catholiques doivent souhaiter la victoire de l'Allemagne.

De là à passer facilement l'éponge sur les atrocités reprochées aux Allemands, il n'y a qu'un pas et ce pas a été franchi, non seulement dans l'entraînement de la conversation et de la dispute, mais hélas! dans des pages écrites à tête reposée et qui plus est, par des religieux. O aberration du parti-pris!

D'abord, je me refuse à admettre le point de départ. Non, mille fois non, la victoire de l'Allemagne ne serait pas la victoire du catholicisme. Attendre le triomphe de l'Eglise de l'ami de Luther, du persécuteur des Polonais de Posnanie, de l'allié des Turcs du bourreau, par complicité des Arméniens, c'est vraiment d'une naïveté, voisine de la stupidité. Et quand l'héritier d'Albert de Brandebourg et de Frédéric II s'émeut à la pensée des dangers que peuvent faire courir au catholicisme romain l'athéisme français, le protestantisme anglais et l'orthodoxie russe, ou il ajoute une hypocrisie à tant d'autres et il est odieux, ou il joue la comédie et il prête à rire. Tant pis pour ses dupes !

J'ai déjà démontré que la victoire de la France ne serait pas la victoire de l'athéisme et que, sous certaines réserves, la France sert encore les intérêts catholiques dans le monde.

Quant au protestantisme anglais, si son passé est, au point de vue catholique, aussi fâcheux que celui du protestantisme allemand, du moins l'esprit de sage liberté et de justice dont les Anglais s'inspirent aujourd'hui, partout où ils sont les maîtres, assure à l'Eglise le respect de ses droits. Les Jésuites eux-mêmes vivent librement en Angleterre, tandis qu'ils sont exclus de l'Allemagne.

Evidemment, l'orthodoxie russe s'est trop souvent montrée agressive à l'égard du catholicisme pour que nous ne concédions pas loyalement que, de ce côté, les inquiétudes ne sont pas sans quelque fondement. La douloureuse affaire de l'archevêque ruthène de Lemberg, Mgr Szeptycki les a naturellement ravivées.

Toutefois, je remarque deux choses: premièrement que la foi orthodoxe est infiniment plus près de la foi catholique que la foi protestante; secondement que les circonstances présentes ne peuvent qu'amener la Russie à modifier en bien son attitude.

Un témoin qui n'est pas suspect, le docteur Pfeilschifter, professeur de théologie à la Faculté de Fribourg-en-Brisgau, — dans sa brochure *Religion und Religionen in Weltkrieg*, — s'appuyant sur les déclarations de nombreux aumôniers et médecins militaires allemands, a rendu cette justice à la foi des Russes:

« Pour la plupart, ils ne sont pas seulement religieux, mais foncièrement religieux. Beaucoup ont des livres de prières, et, dans nos hopitaux, ils prient beaucoup, avec une dévotion évidente, touchante. Nos ecclésiastiques découvrent en eux des hommes totalement soumis, comme des enfants, à la volonté de Dieu. Tous les Russes portent sur leur poitrine, suspendue à un cordon, une petite croix qui, chez ceux qui ont quelque bien, est souvent de grande valeur. Avant de mourir, ils demandent toujours à nos prêtres les derniers sacrements, et cela semble être chez eux un besoin très conscient. C'est un fait que leur vénération pour le Sauveur crucifié et pour la Mère de Dieu est vraie et profonde. Dans nos provinces, ils laissent les églises catholiques sans les voler. Si des soldats voulaient y entrer pendant qu'on y célébrait la messe, ils les empêchaient d'un mot qui les arrêtait toujours: « Lieu Saint! » Ils s'arrêtaient de même quand, dans les maisons, ils voyaient un crucifix ou une image de la Mère de Dieu, et ils laissèrent, par exemple, sans y toucher, la ferme et la maison de mon beau-frère, parce que, devant la maison, il y avait une croix... Quant aux Russes cultivés, ils sourient de la religion des Russes simples, mais ils ne s'en moquent pas... Nous avons avec eux, l'impression constante que la foi populaire sommeille dans leur subconscience, qu'elle y est indéracinable. »

Nos frères, les catholiques d'Espagne, et ceux du monde entier, ne se sentiront-ils pas plus proches de ces Russes si respectueux de l'Eucharistie de la Vierge Marie, des saintes images, que des protestants qui qualifient d'idolâtrie le culte de l'Eucharistie, de la Vierge et des images?

Quelle stupeur quand on les voit, ces catholiques si indulgents pour les protestants allemands, si sévères pour les orthodoxes russes!

J'ajoute que la politique religieuse de la Russie

victorieuse ne pourra plus, après la guerre, être ce qu'elle était avant.

Elle devra respecter les engagements pris, vis-à-vis des Polonais, par exemple, tenir compte des tendances de chaque groupement national, si elle procède à de nouvelles annexions, et finalement abandonner toute politique qui tyrannise les consciences.

Si, au contraire, la Russie venait à être vaincue, elle se concentrerait sur elle-même, renforcerait son intransigeance religieuse, et, comme elle demeurerait toujours un colosse, continuerait à peser de tout son poids en faveur de l'orthodoxie.

Donc, l'Eglise catholique n'a rien à gagner à la défaite des Alliés. Mais, quand cela serait, cet avantage ne serait pas pour les catholiques une raison suffisante de souhaiter cette défaite, car ce qu'un catholique doit souhaiter, c'est la victoire du droit.

J'ai lu quelque part qu'après tout, les crimes allemands, à les supposer démontrés, ne sont qu'une chose secondaire. Eh non ! catholiques, mes frères, ce qui est secondaire, — et croyez bien que j'aime l'Eglise autant que vous, — c'est le bénéfice, ou le dommage que l'Eglise catholique peut tirer de la guerre. Ce qui est essentiel, c'est le respect de la loi morale, du droit naturel et divin.

— Me permettriez-vous d'assassiner quelqu'un, sous prétexte que je donnerais à l'Eglise la moitié de ses biens ?

Les Allemands oseraient-ils escompter que l'Eglise les absoudrait de leurs crimes, si elle en tirait profit ?

Se peut-il imaginer plus sanglante injure à son égard ? Le pire athée, le plus noir franc-maçon ne portent pas sur elle un jugement plus outrageant.

Mais vous, catholiques, qui savez ce que c'est que la sainteté de l'Eglise, que l'honneur de l'Eglise, vous ne sentez pas votre sang bouillir dans vos veines quand on lui propose, à elle, un tel marché et quand on vous propose, à vous, de l'approuver ?

Rappelez-vous de grâce la conduite de l'Eglise à travers les âges.

L'intérêt de l'Eglise, au temps de saint Grégoire VII, était de s'entendre avec les princes de ce monde, mais elle y eût perdu la pureté de ses mœurs et son indépendance. Sans hésiter, Grégoire VII a rompu avec presque tous les princes. Ecoutez-le parler au roi de France: « Ou le roi renonçant à ce négoce honteux, hérétique, simoniaque, permettra de nommer aux dignités ecclésiastiques des personnes capables d'en remplir les devoirs, ou bien les Français, frappés d'un anathème général, refuseront de lui obéir plus longtemps, à moins qu'ils ne préfèrent apostasier la foi chrétienne. »

Plutôt que de sacrifier la loi morale, le Pontife risque de perdre pour l'Eglise le royaume de France.

Plutôt que de ce céder à l'empereur Henri IV, il abandonne Rome et meurt en exil.

Mais, avant de mourir, il peut se rendre ce noble témoignage devant les évêques de France: « Dieu a été notre bouclier contre les entreprises des ennemis et la violence des persécuteurs, il s'est servi de notre main pour défendre la justice, selon le témoignage de notre conscience. »

Et devant les évêques de Germanie: « Sachez bien que, Dieu aidant, aucun homme n'a jamais pu et ne pourra jamais, soit par l'amour, soit par la crainte, soit par quelque motif d'ambition, me faire sortir du droit sentier de la justice. »

A l'égard d'Henri VIII d'Angleterre, Clément VII agira comme Grégoire VII à l'égard de Philippe Ier. Le schisme est imminent; que le Pape laisse fléchir la loi du mariage indissoluble et saint, le schisme est évité; mais non, ce qui importe, c'est que le droit soit proclamé.

Et, comme Grégoire VII encore, Pie VII aimera mieux encourir l'exil que d'incliner le droit devant le maître de l'Europe.

Les consciences droites et chrétiennes, celle du plus humble fidèle comme celle du pontife suprême, ne connaissent aucune nécessité de faire le mal, ou de l'approuver, « y allât-il, dit Bossuet, de la fortune, y allât-il de la vie, y allât-il de l'honneur, que vous vous vantez faussement peut-être de préférer à la vie ».

La nécessité ne connaît pas de loi, s'est écrié, après bien d'autres, le Chancelier de l'Empire allemand.

Mais Tertullien, depuis des siècles, lui a répondu, au nom de la doctrine de Jésus-Christ: « La foi ne connaît pas de nécessités, *non admittit status fidei necessitates* », ou plutôt elle n'en connaît qu'une, celle de ne pas offenser la justice, « *nulla est necessitas delinquendi, quibus una est necessitas non delinquendi* ». Et saint Ambroise : « *Nihil præferendum honestati.* »

Admirables et vigoureuses paroles auxquelles fait écho la grande voix de Benoît XV, dans l'allocution consistoriale du 22 janvier 1915:

« Quant à proclamer qu'il n'est jamais permis à personne, pour quelque motif que ce soit, de léser la justice, c'est sans doute, au plus haut point, un office qui revient au Souverain Pontife comme à celui qui est constitué par Dieu l'interprète suprême et le vengeur de la loi éternelle. Et nous le proclamons sans ambages. »

Pour quelque motif que ce soit et donc quand bien même l'Eglise catholique devrait en profiter, vous l'avez entendu de la bouche du Pape, catholiques de tous pays !

**

Ma conclusion sera donc celle que j'ai déjà tirée du livre *L'Allemagne et les Alliés devant la conscience chrétienne*.

C'est notre honneur que, brutalement attaqués et nous réclamant de la foi jurée, nous luttons pour le Droit et donc que nous ne puissions être vaincus qu'avec le Droit lui-même. Pour nous catholiques, le Droit n'est pas séparable de la loi morale et chrétienne. Et par conséquent, il n'est point de considération au monde qui puisse détacher un catholique de la cause du Droit.

TABLE DES MATIÈRES

	Pages
AVERTISSEMENT	5
I. Un prêtre catholique peut-il vouloir la continuation de la guerre ?	7
II. Le prêtre catholique a-t-il le droit d'obéir à la loi civile qui l'oblige à combattre ?	13
III. Le clergé français a-t-il péché par excès de nationalisme ?	21
IV. La victoire de la France ne serait-elle pas la victoire de l'athéisme ?	35
V. La France est-elle encore une nation catholique ?	41
VI. Si la France est catholique, comment son gouvernement ne l'est-il pas ?	49
VII. L'intérêt de l'Eglise serait-il une raison suffisante de prendre parti contre le droit ?	63

BLOUD & GAY, Editeurs, 7, place Saint-Sulpice, Paris (6ᵉ)

"PAGES ACTUELLES"

1914-1917

Nouvelle collection de volumes in-16 — Prix : 0 fr. 60

- N° 81. **La Défense de l'Esprit français,** par René DOUMIC, de l'Académie française.
- N° 82. **La Représentation nationale au lendemain de la paix.** *Méditations d'un Combattant.*
- Nᵒˢ 83-84. *Une Victime du Pangermanisme.* **L'Arménie martyre,** par l'Abbé Eug. GRISELLE.
- N° 85. **Les Mitrailleuses,** par Francis MARRE.
- N° 86. **France et Belgique.** Ce que les Allemands voulaient faire des pays envahis. Ce que nous ferons d'eux, par M. des OMBIAUX.
- N° 87. **Lettres d'un soldat.** Léo LATIL (1890-1915).
- N° 88. **La place de la Guerre actuelle dans notre Histoire nationale,** par Camille JULLIAN.
- N° 89. **Du Subjectivisme allemand à la Philosophie catholique,** par Mgr du VAUROUX, évêque d'Agen.
- N° 90. **« Kultur » et Civilisation,** par George FONSEGRIVE.
- N° 91. **Angleterre et France,** *Fraternité en guerre, alliance dans la paix,* par Sir Thomas BARCLAY.
- N° 92. **La Hongrie d'hier et de demain,** par André DUBOSC.
- N° 93. *Un peuple en exil.* **La Belgique en Angleterre,** par Henry DAVIGNON.
- N° 94. **Les armes déloyales des Allemands,** par Francis MARRE.
- N° 95. **Toute la France pour toute la Guerre,** par Louis BARTHOU.
- Nᵒˢ 96-97. **Le Jugement de l'Histoire sur la Responsabilité de la Guerre,** par Tommaso TITTONI.
- N° 98. **Le Paradoxe célèbre de Joseph de Maistre sur la Guerre,** par Clément BESSE.
- N° 99. **Quatre discours et une Conférence,** par Adrien MITHOUARD.
- N° 100. **Les Commandements de la Patrie,** par Paul DESCHANEL.
- N° 101. **Le Dieu allemand,** par Denys COCHIN.
- N° 102. **La France, les Catholiques et la Guerre,** par Mgr Alfred BAUDRILLART.

www.ingramcontent.com/pod-product-compliance
Lightning Source LLC
LaVergne TN
LVHW051458090426
835512LV00010B/2218